Libro para colorear

ABC

Coloring Pages for Kids

Coloring Pages for Kids
An imprint of Ciparum LLC

Libro para colorear ABC

ISBN-10:1-63589-386-0
ISBN-13:978-1-63589-386-1

Coloring Pages for Kids

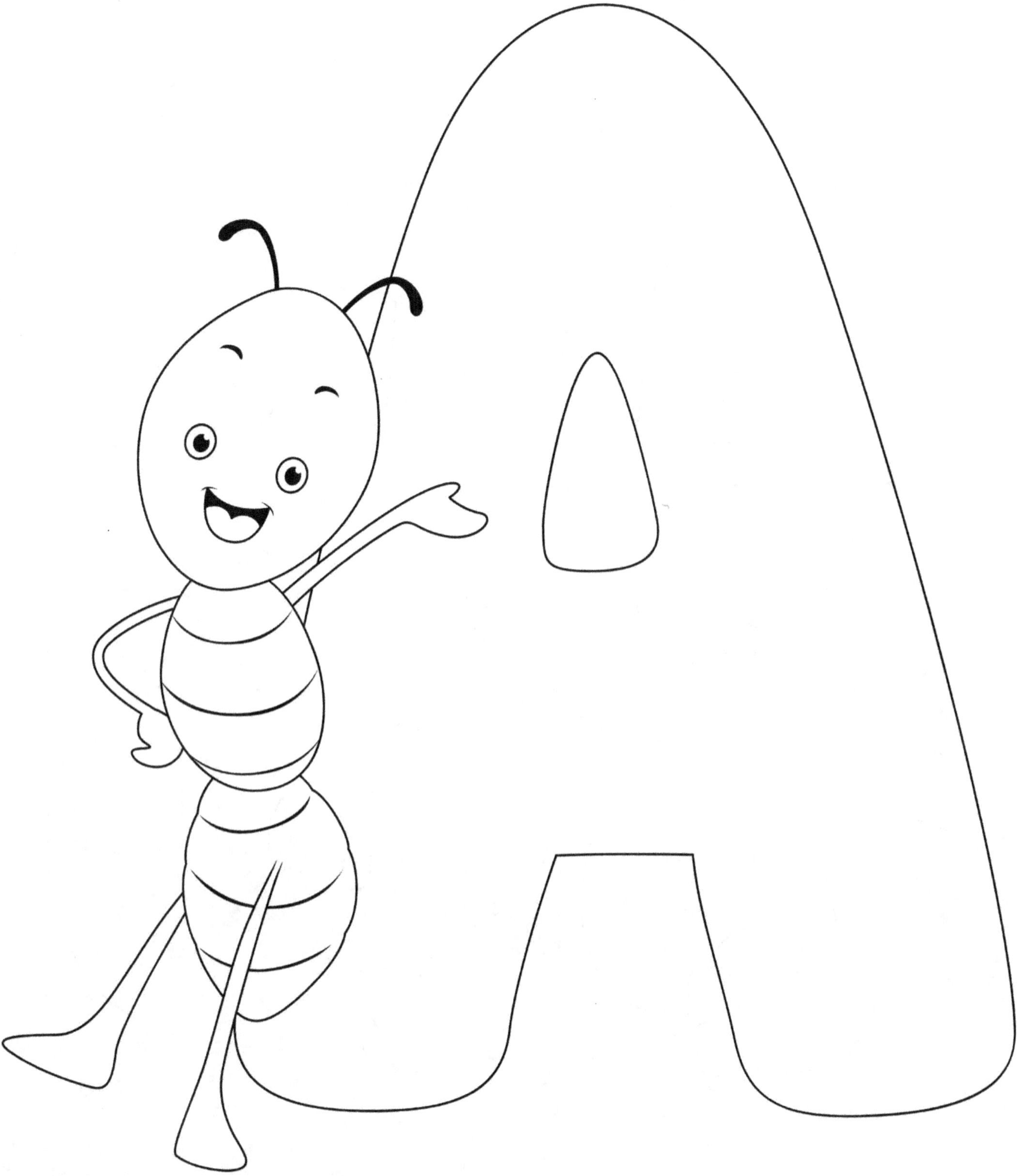

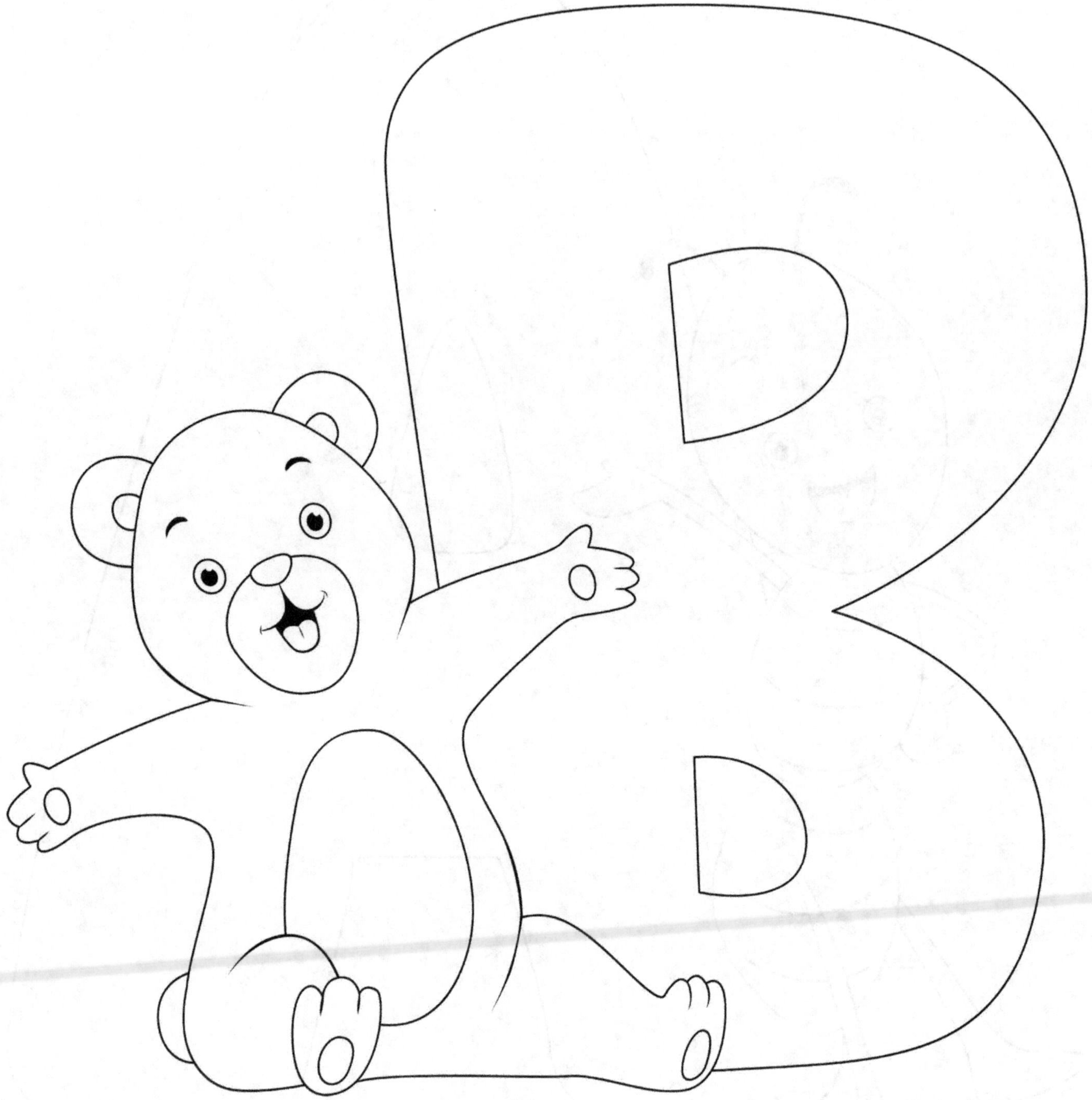

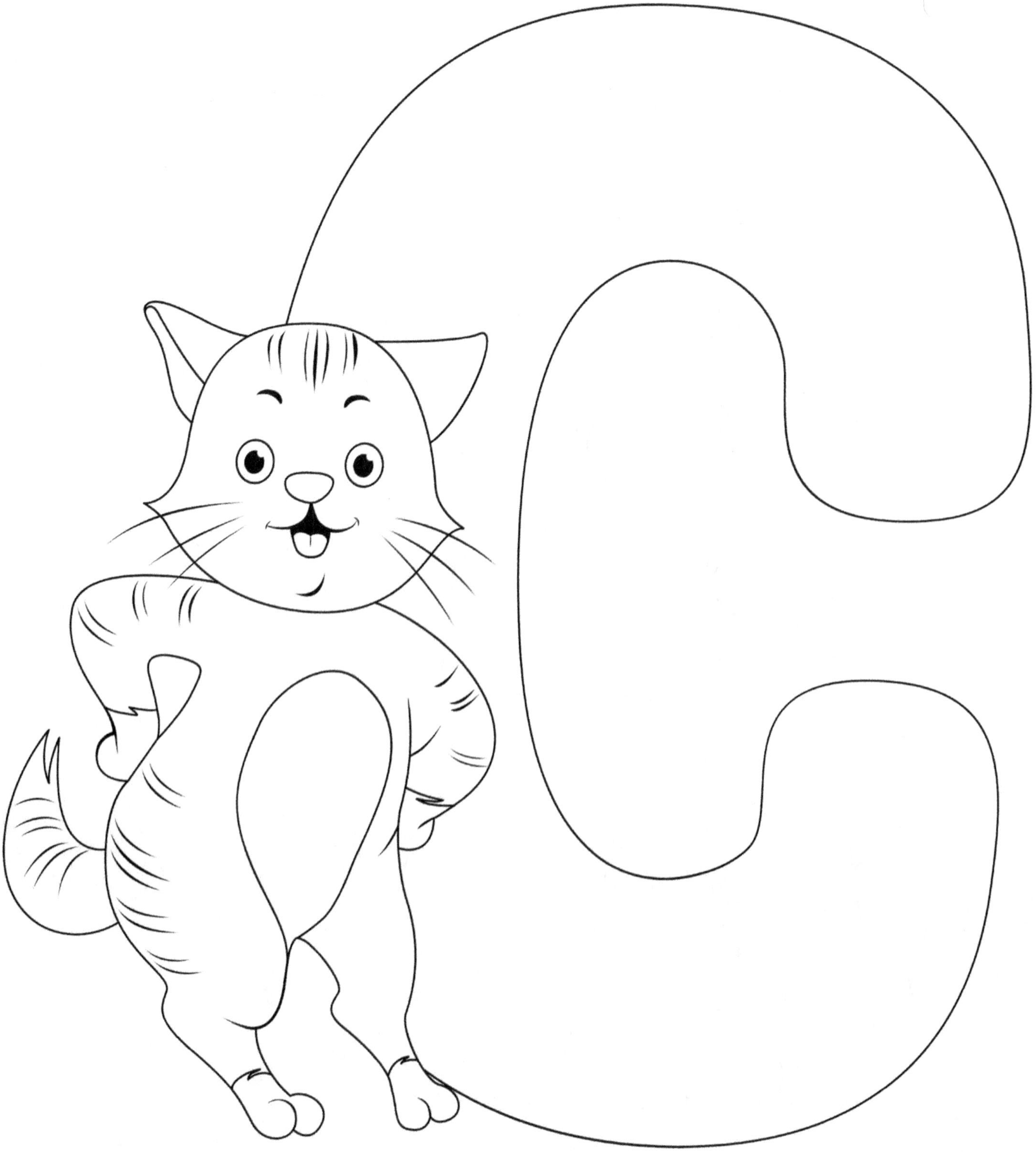

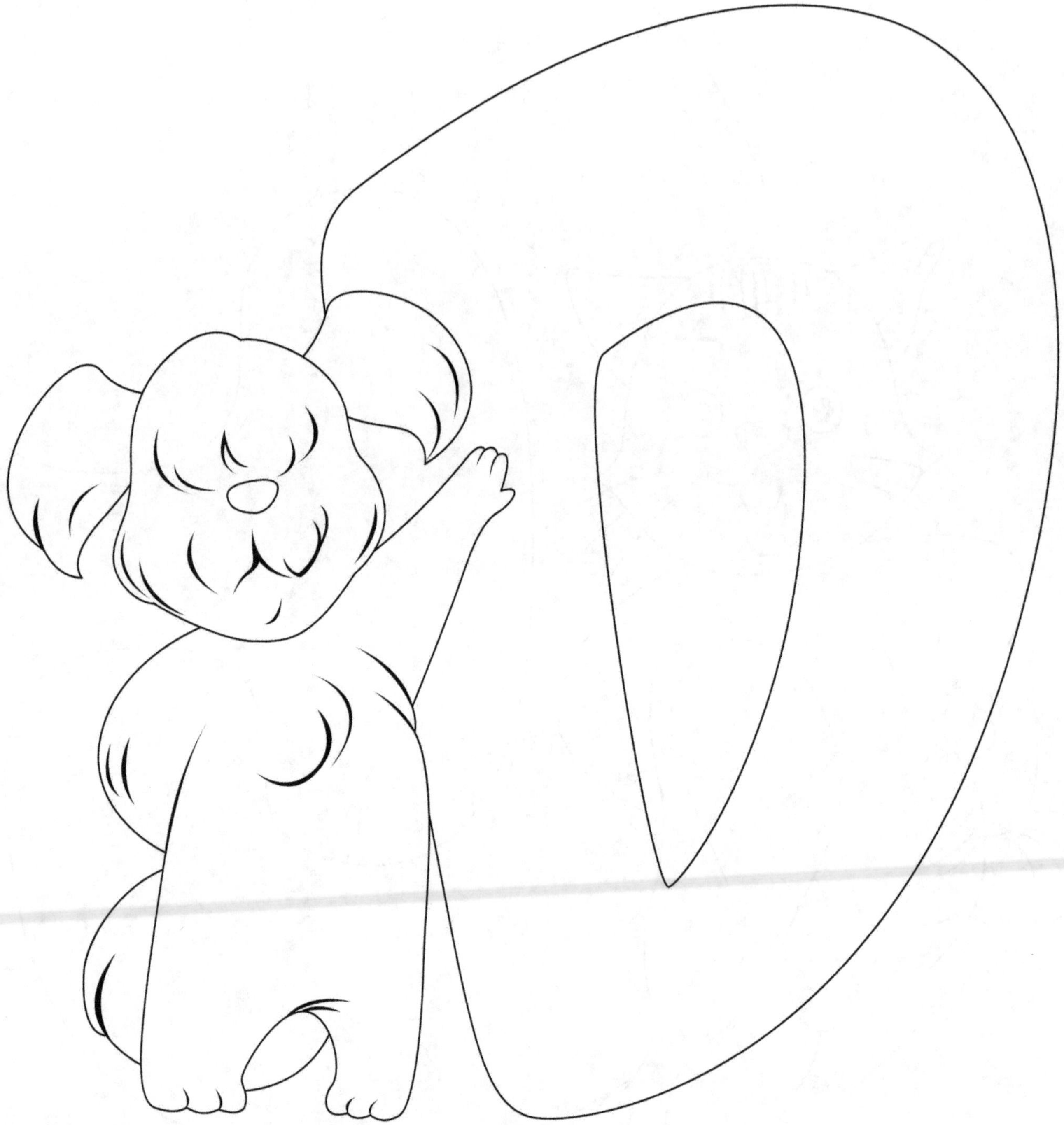

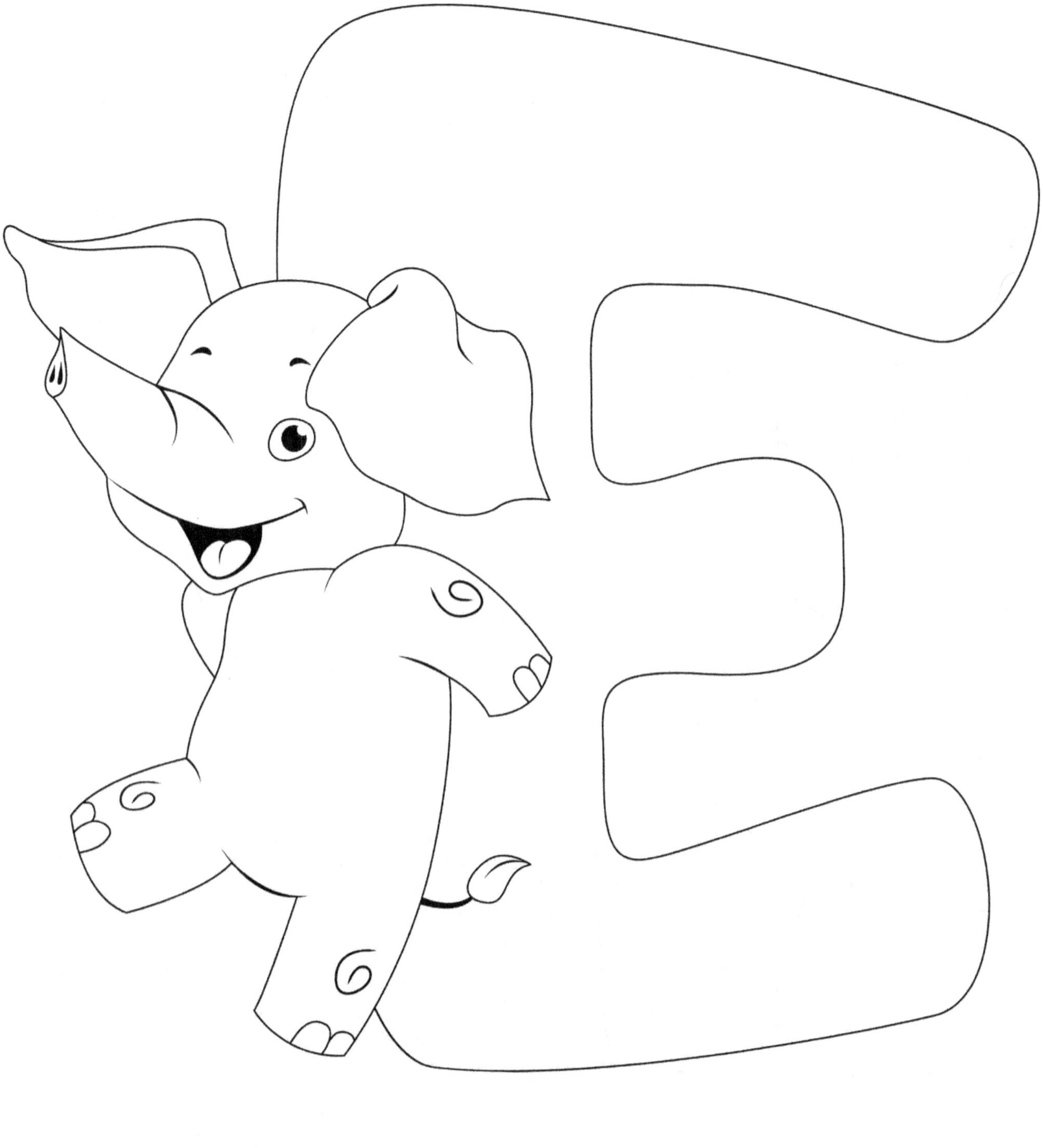

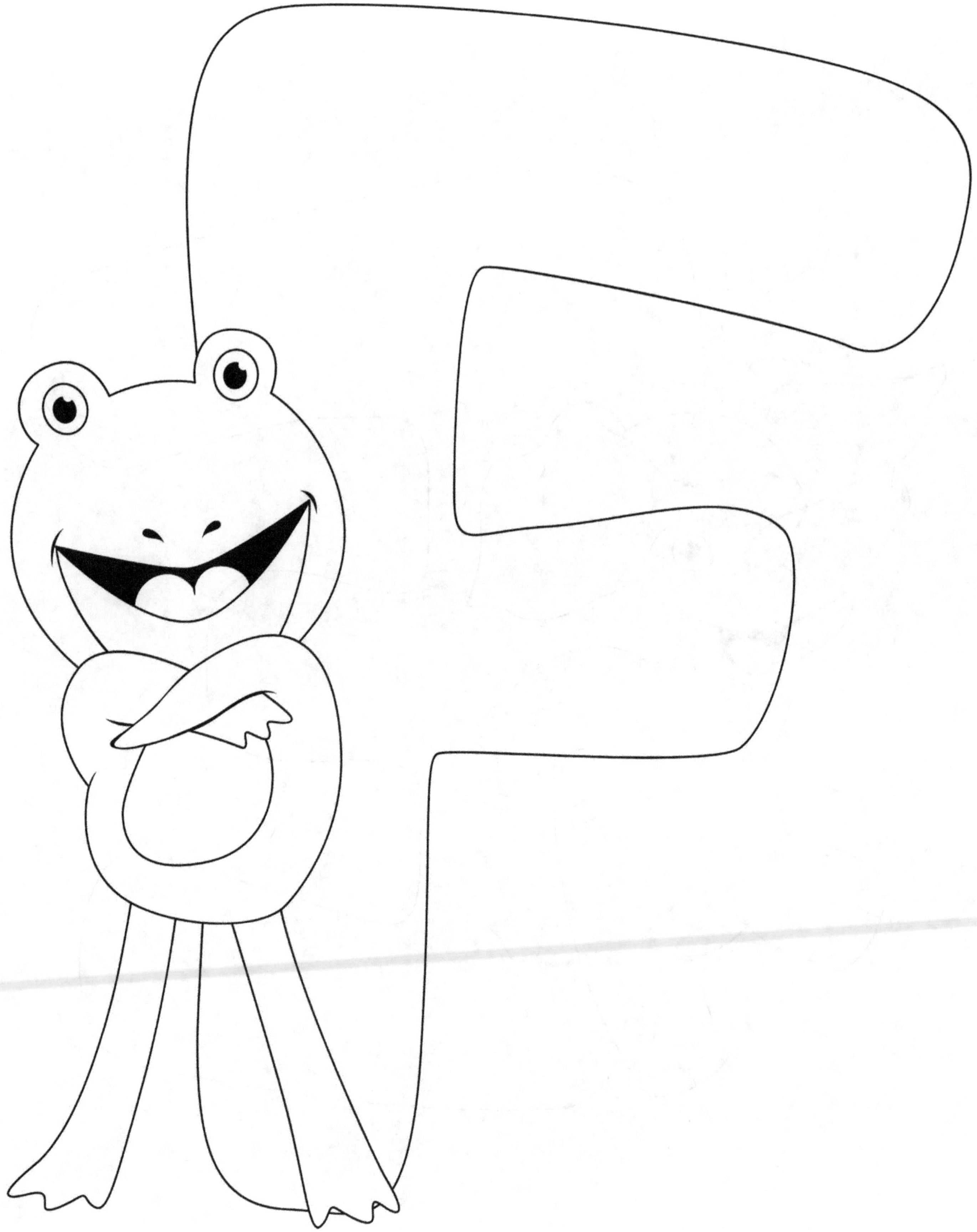

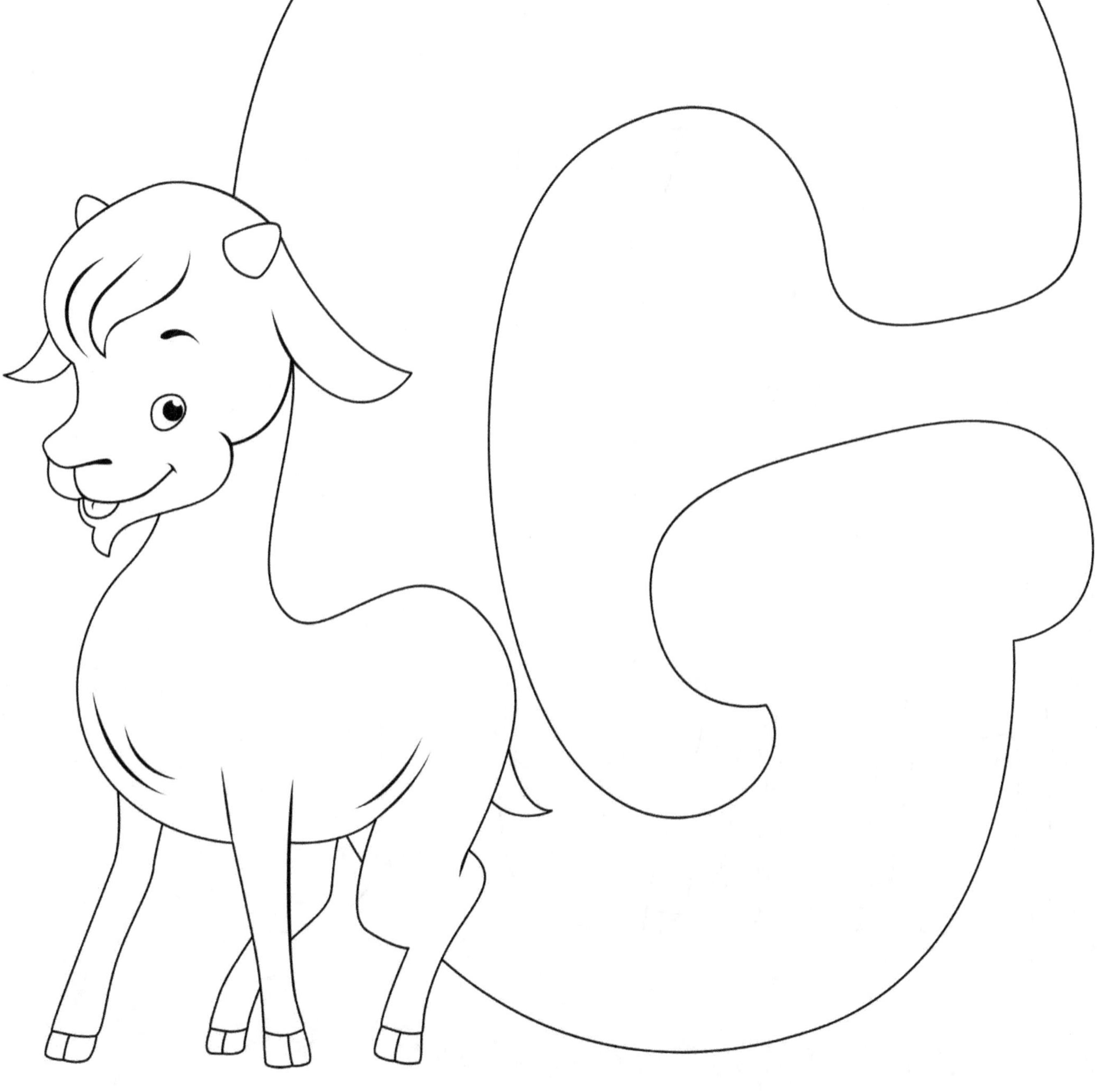

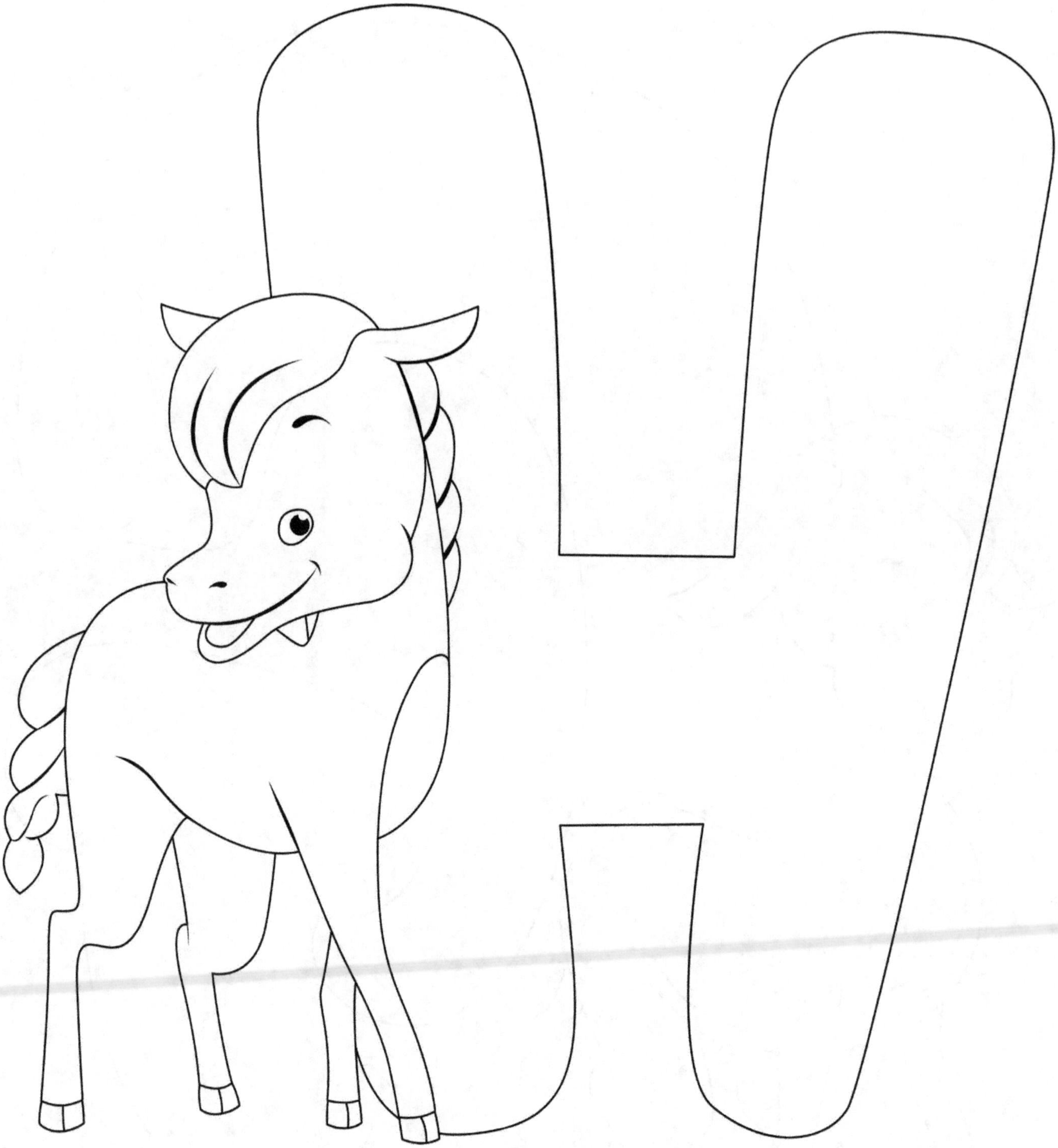

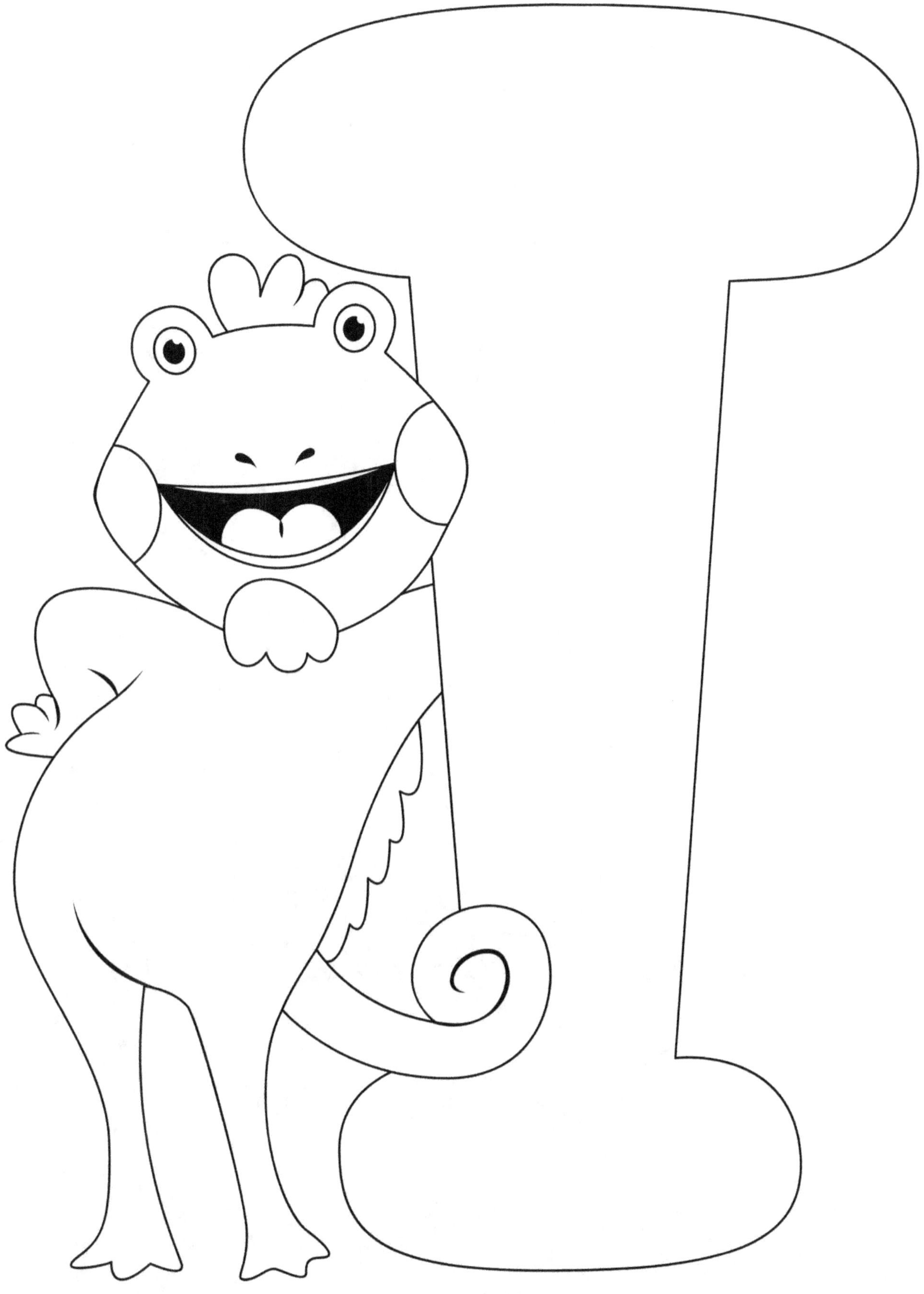

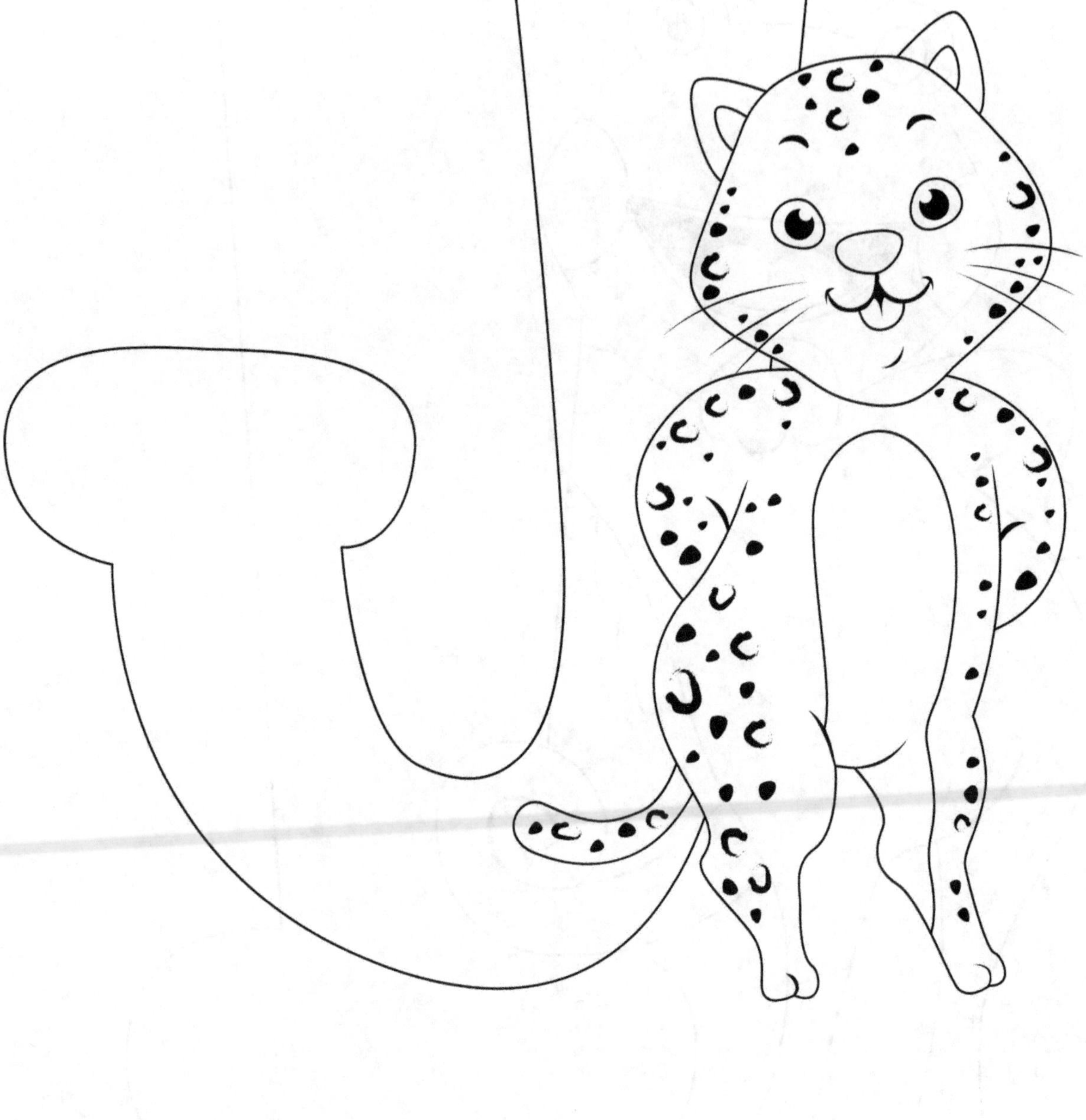

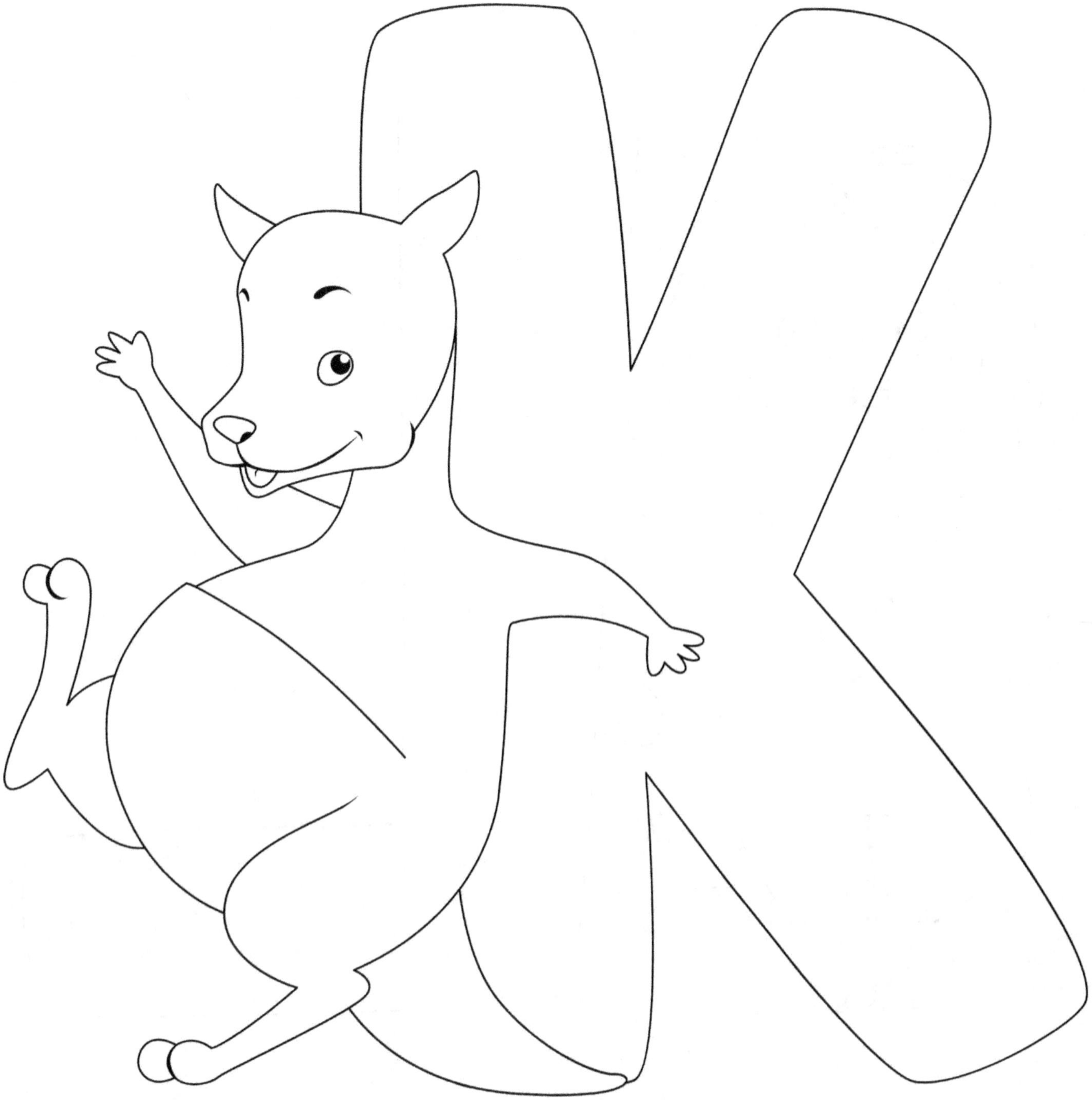

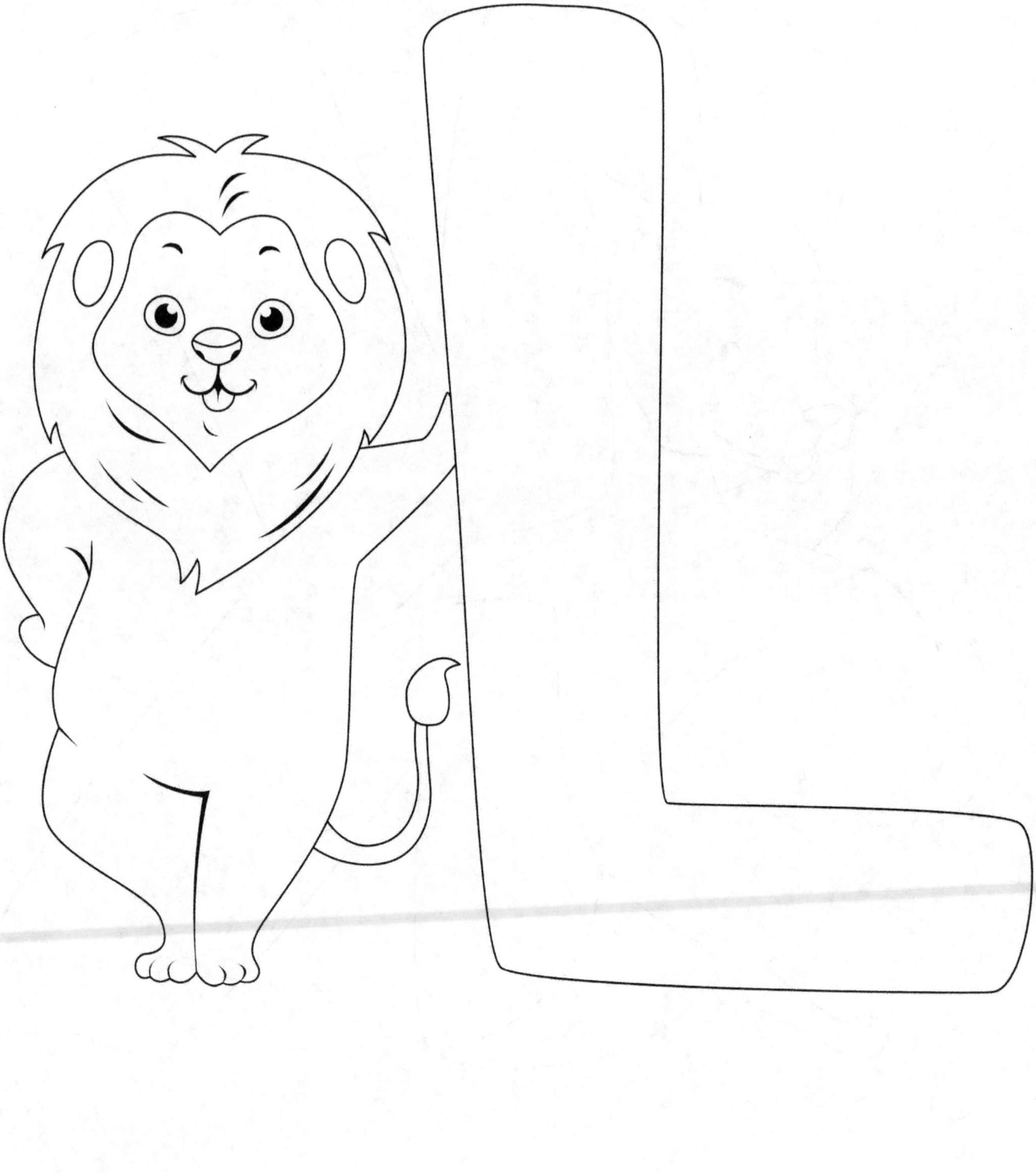

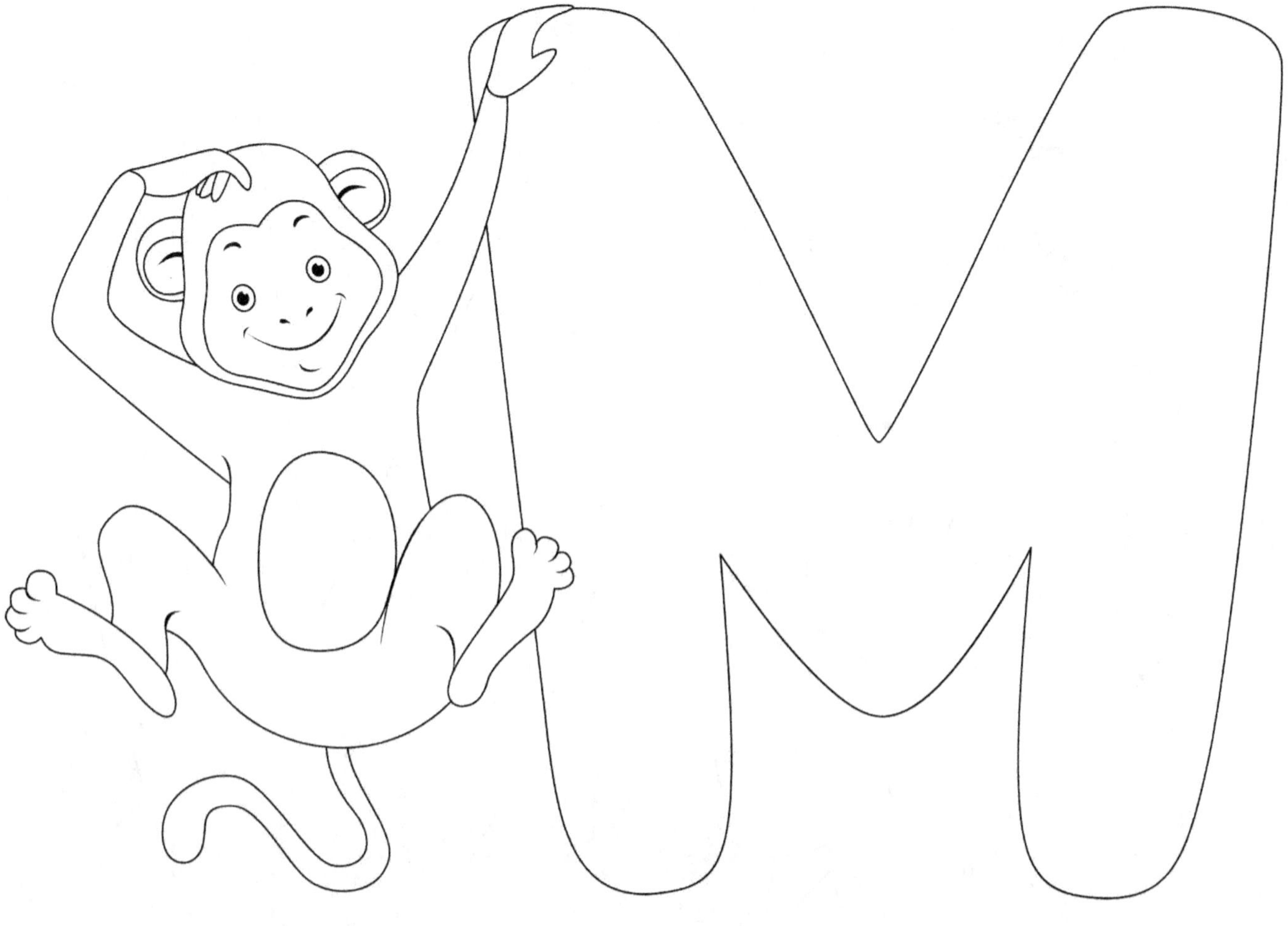

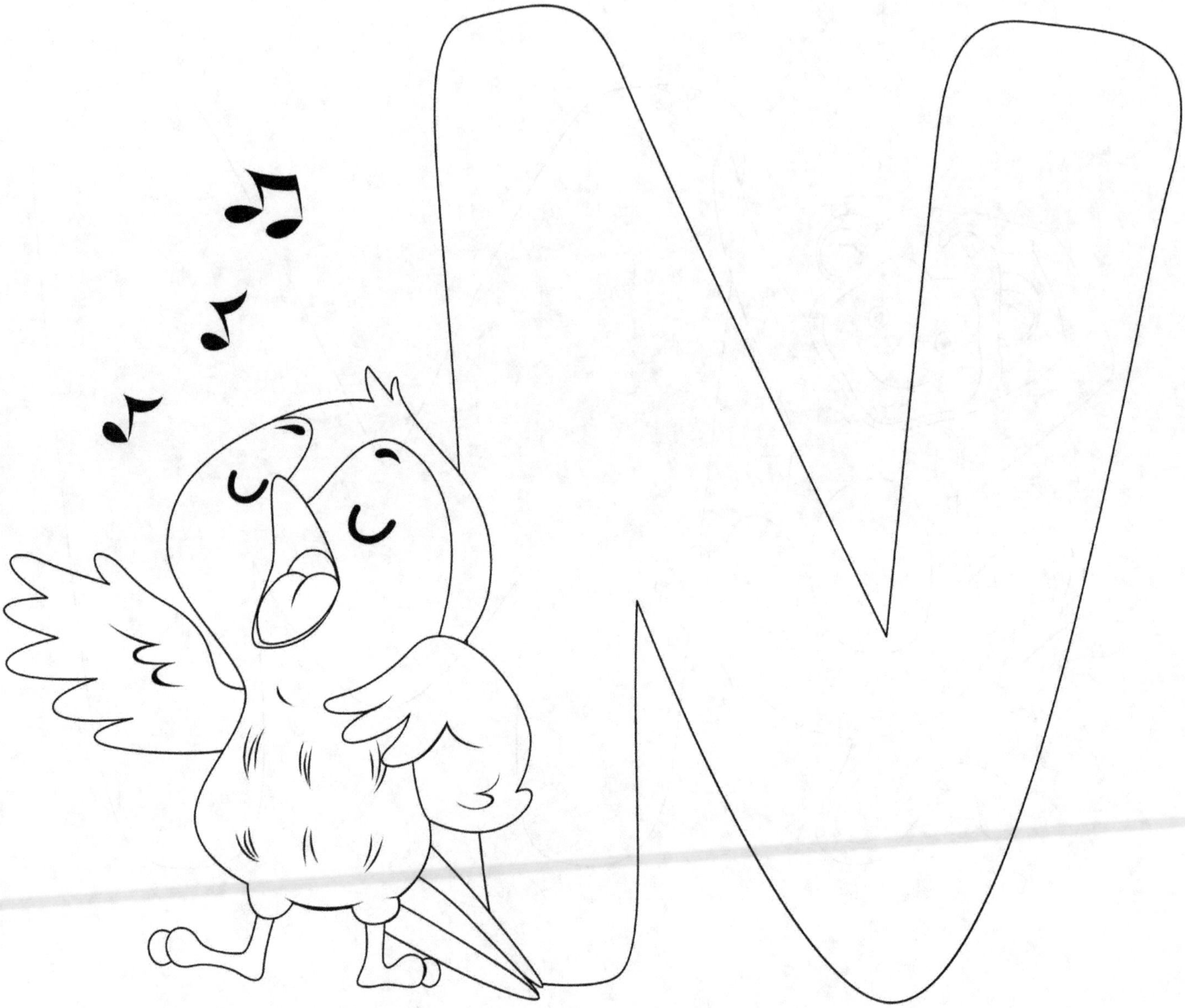

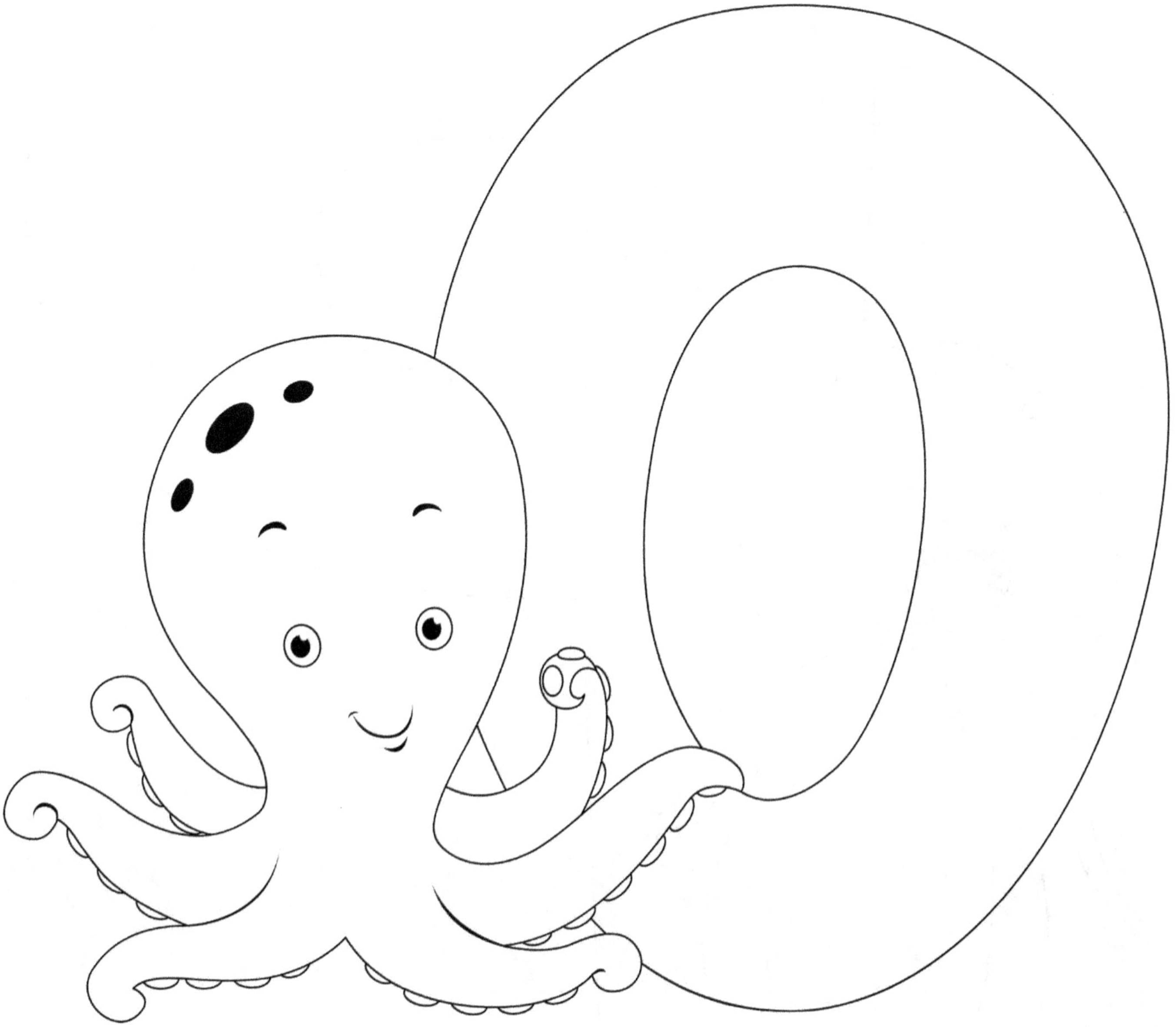

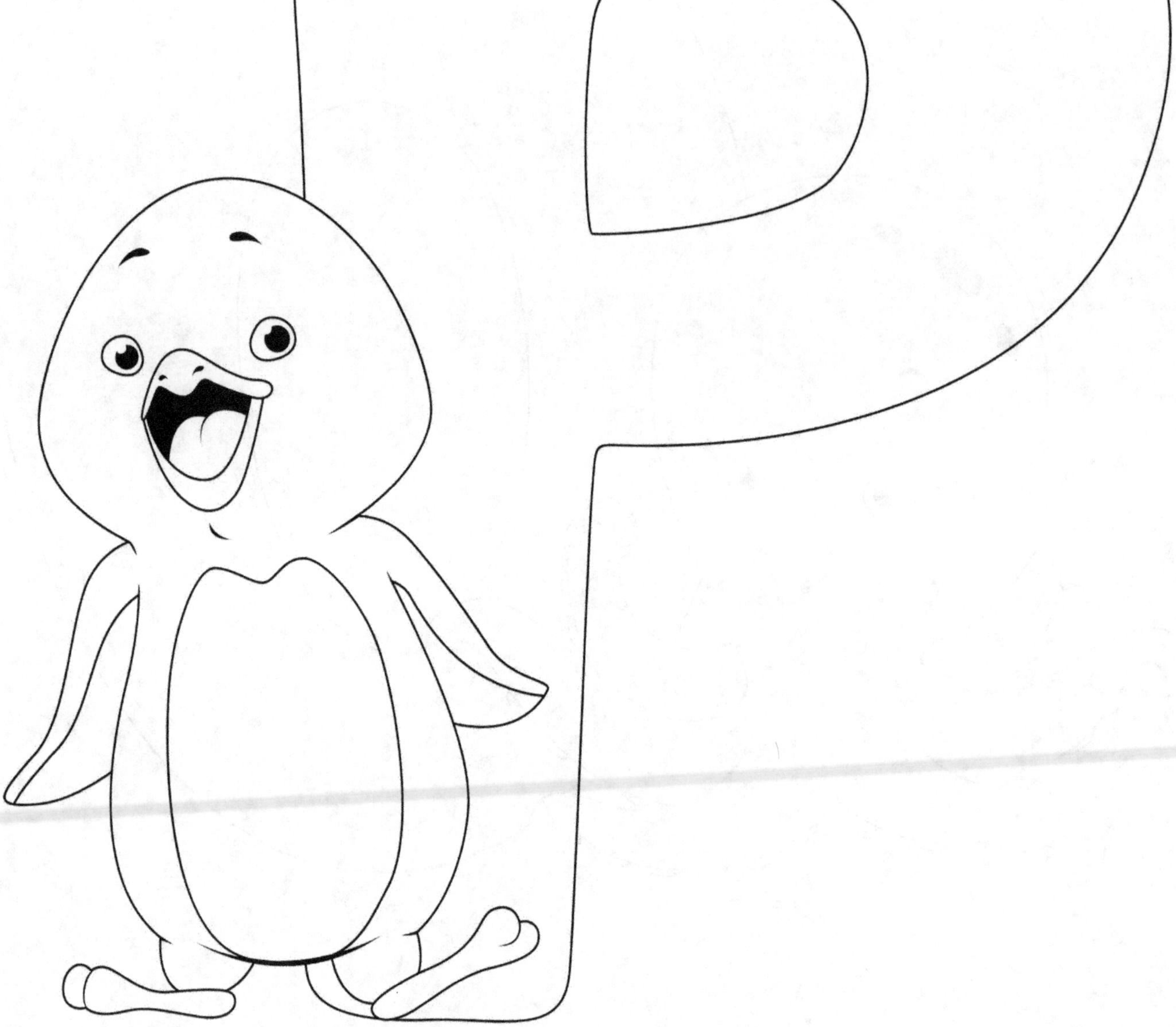

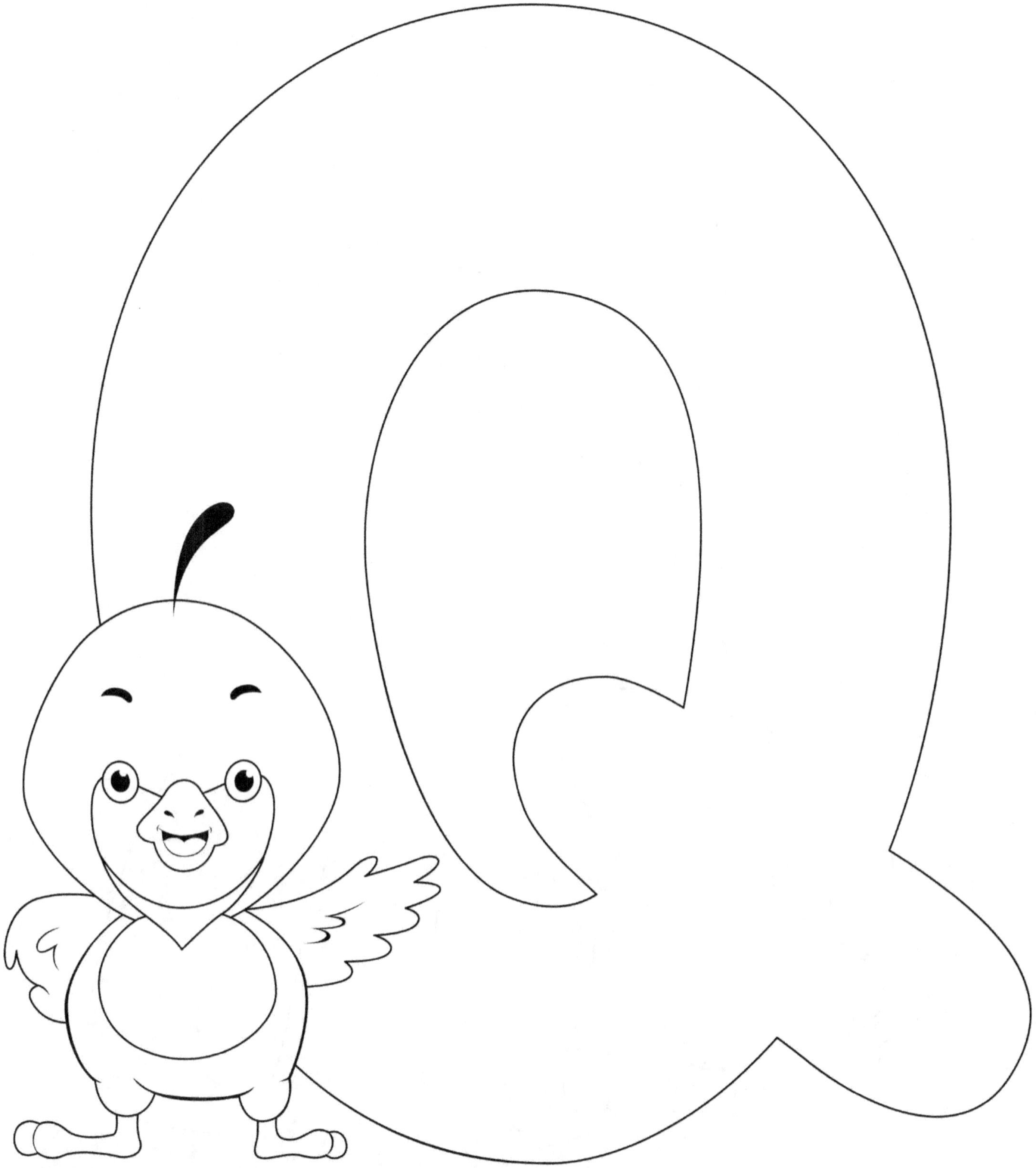

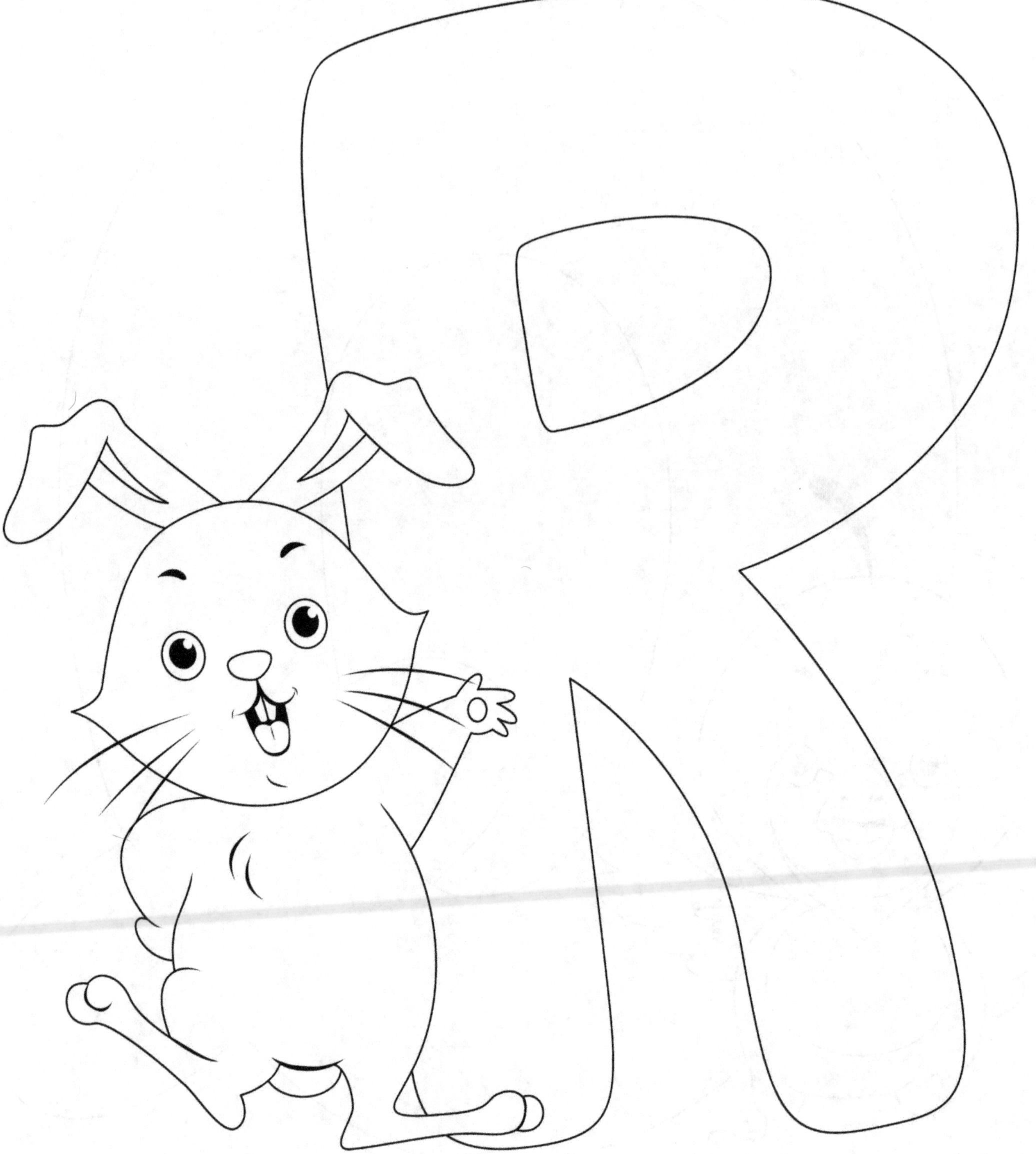

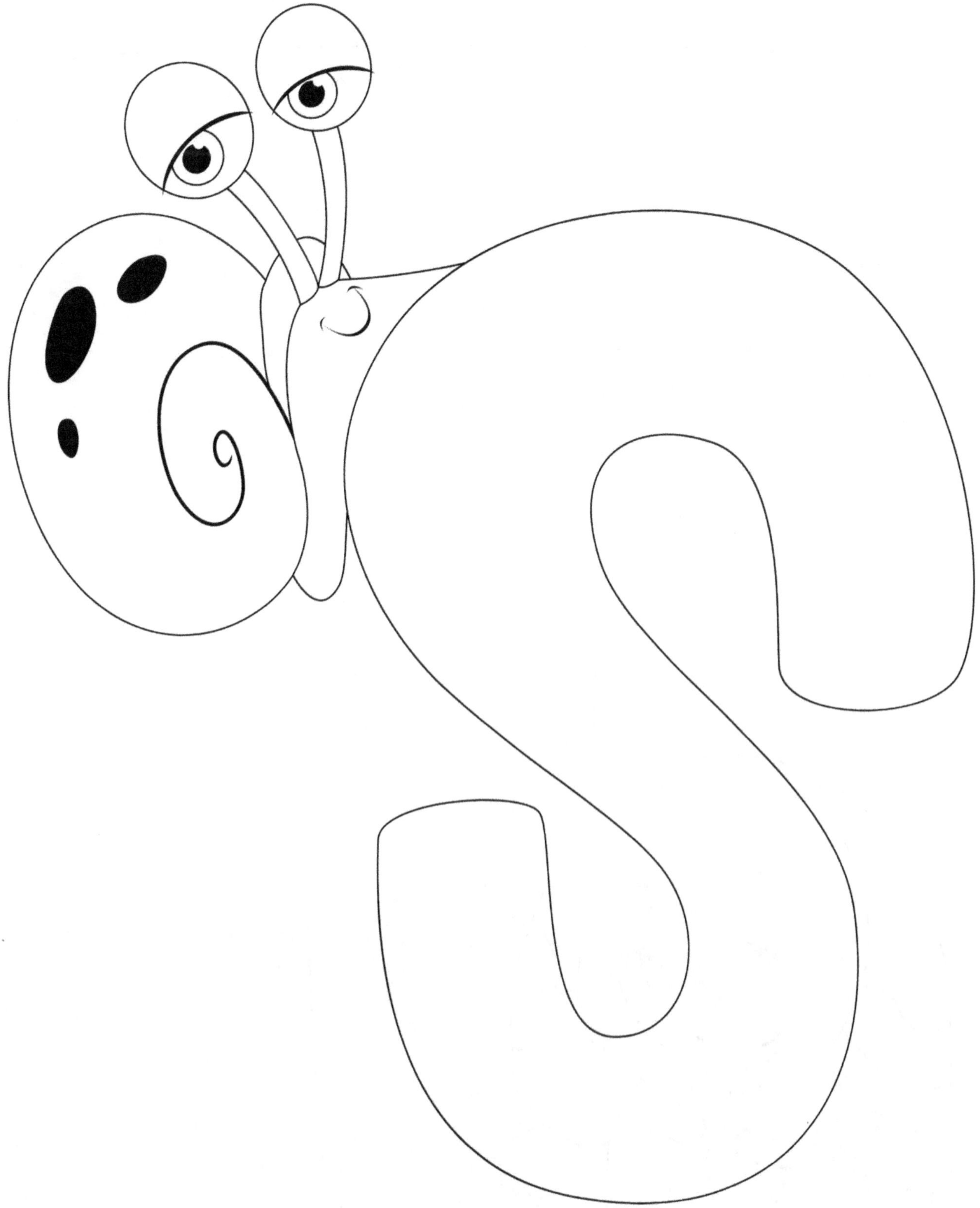

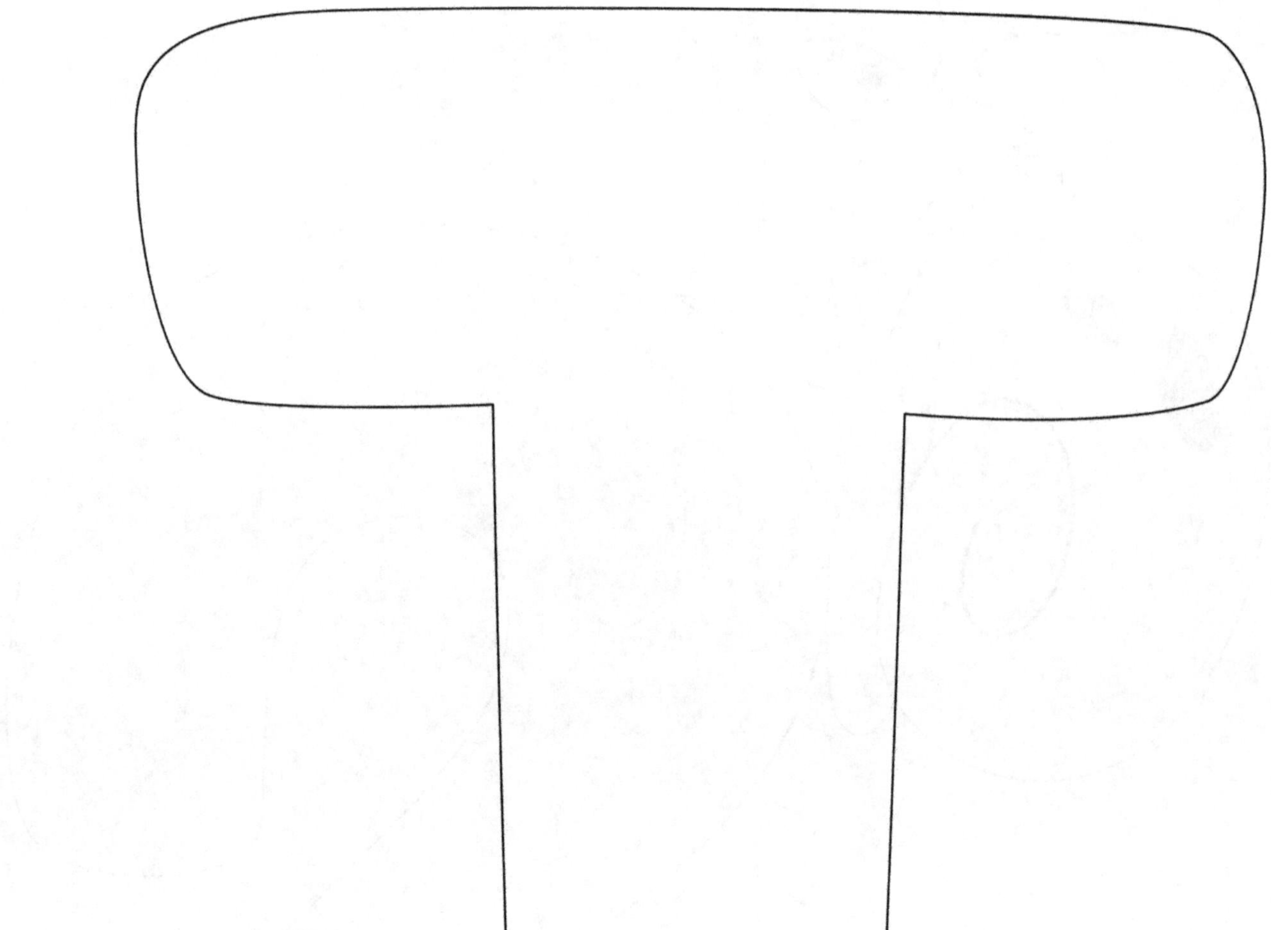

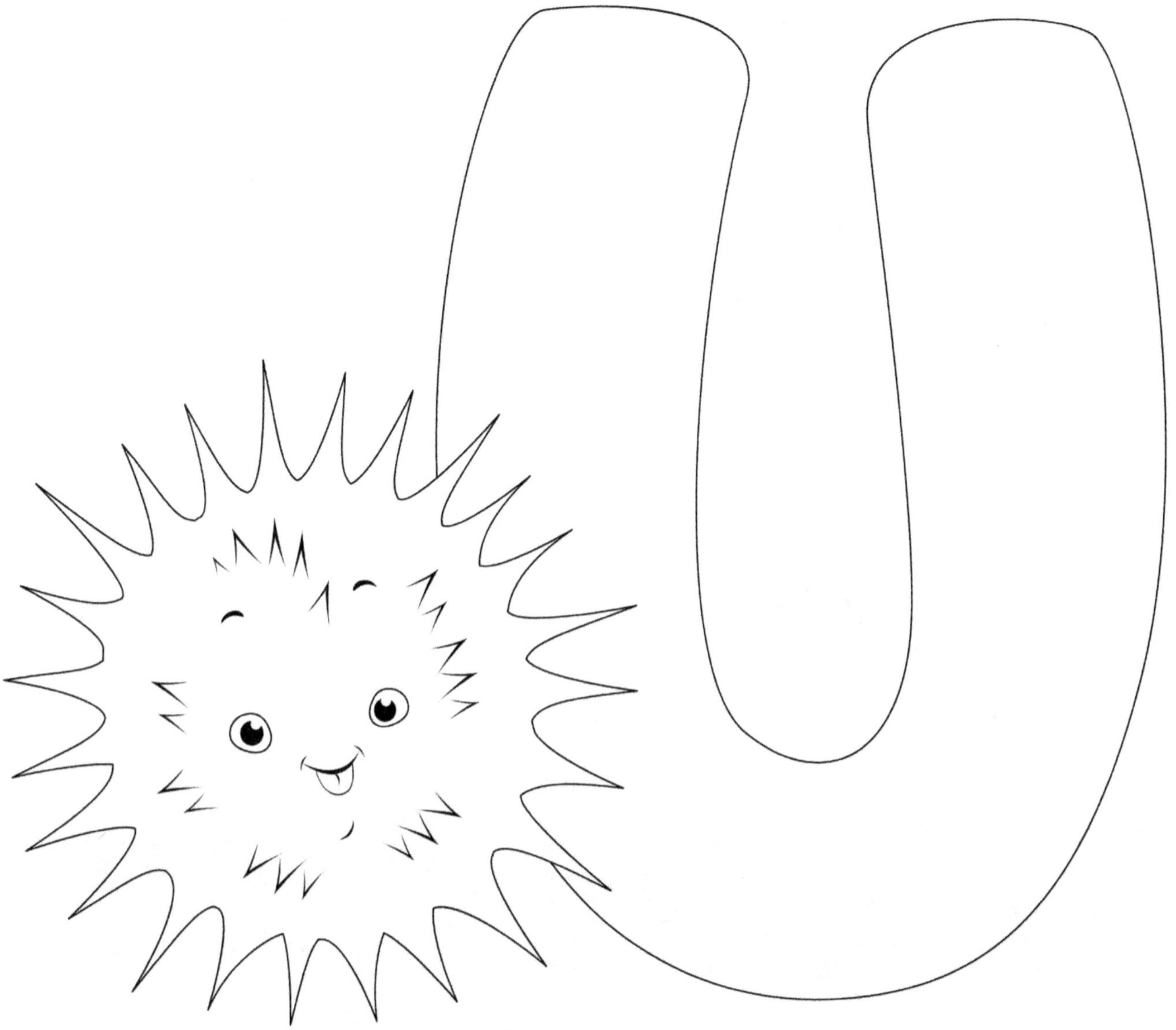

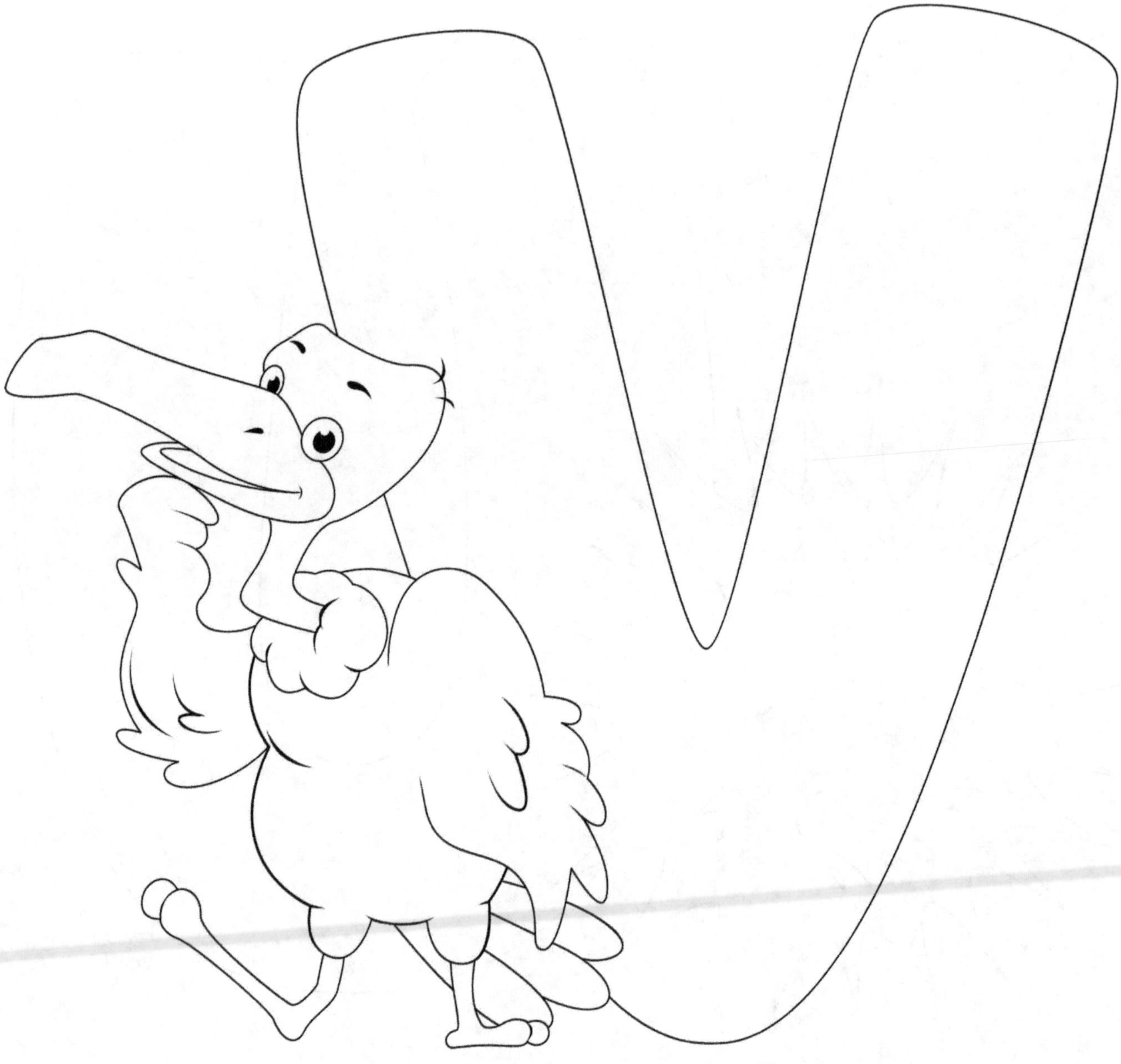

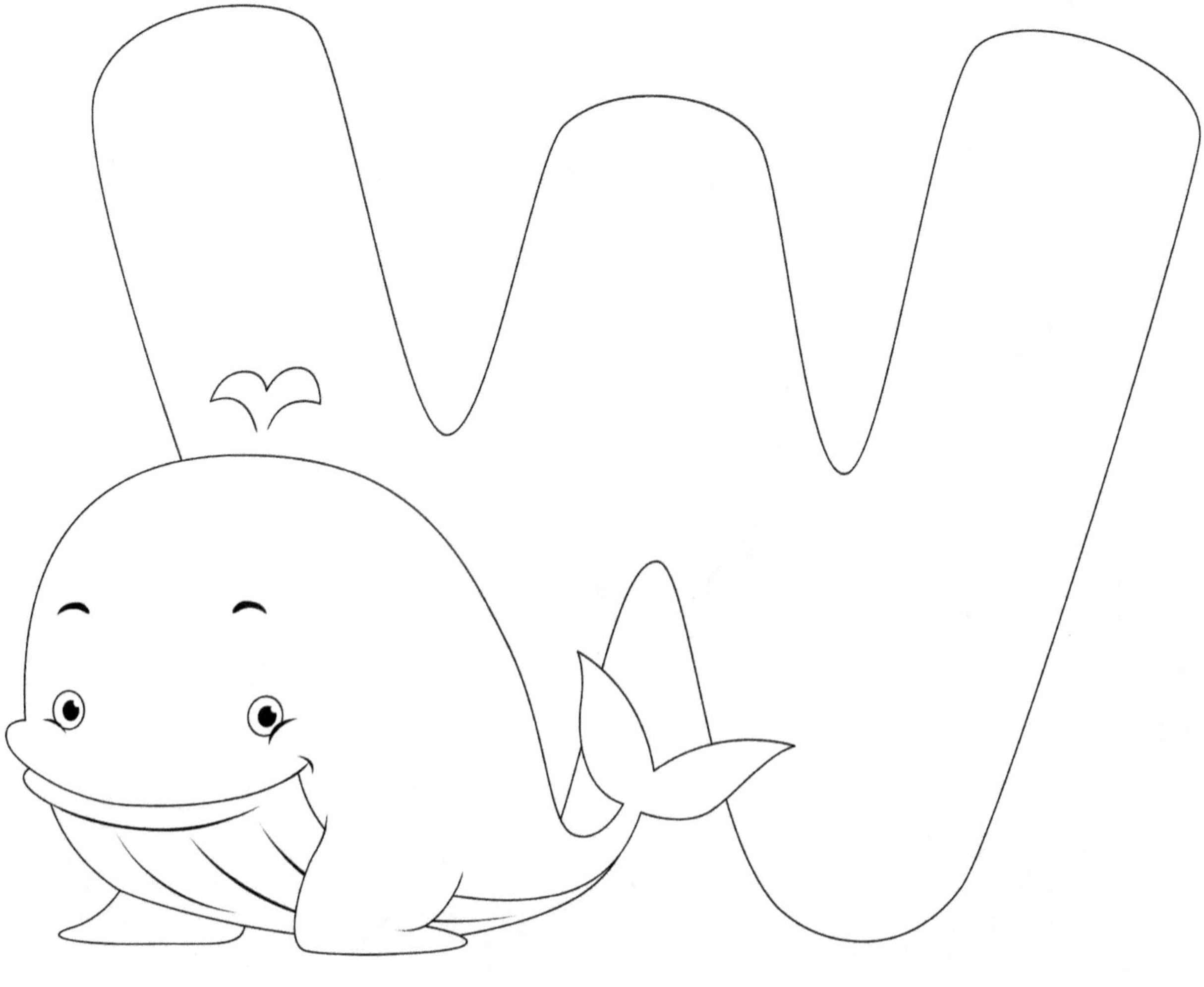

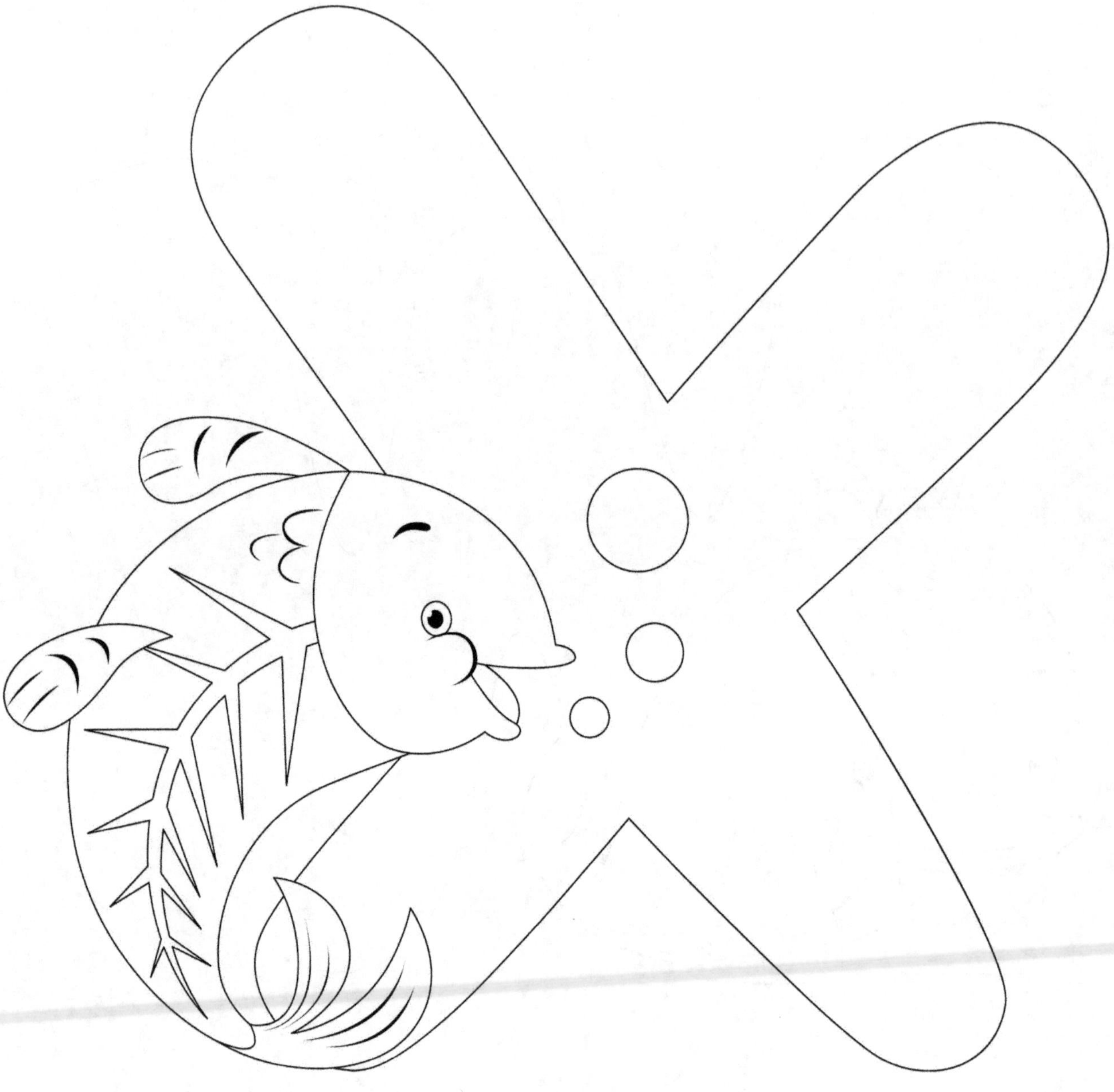

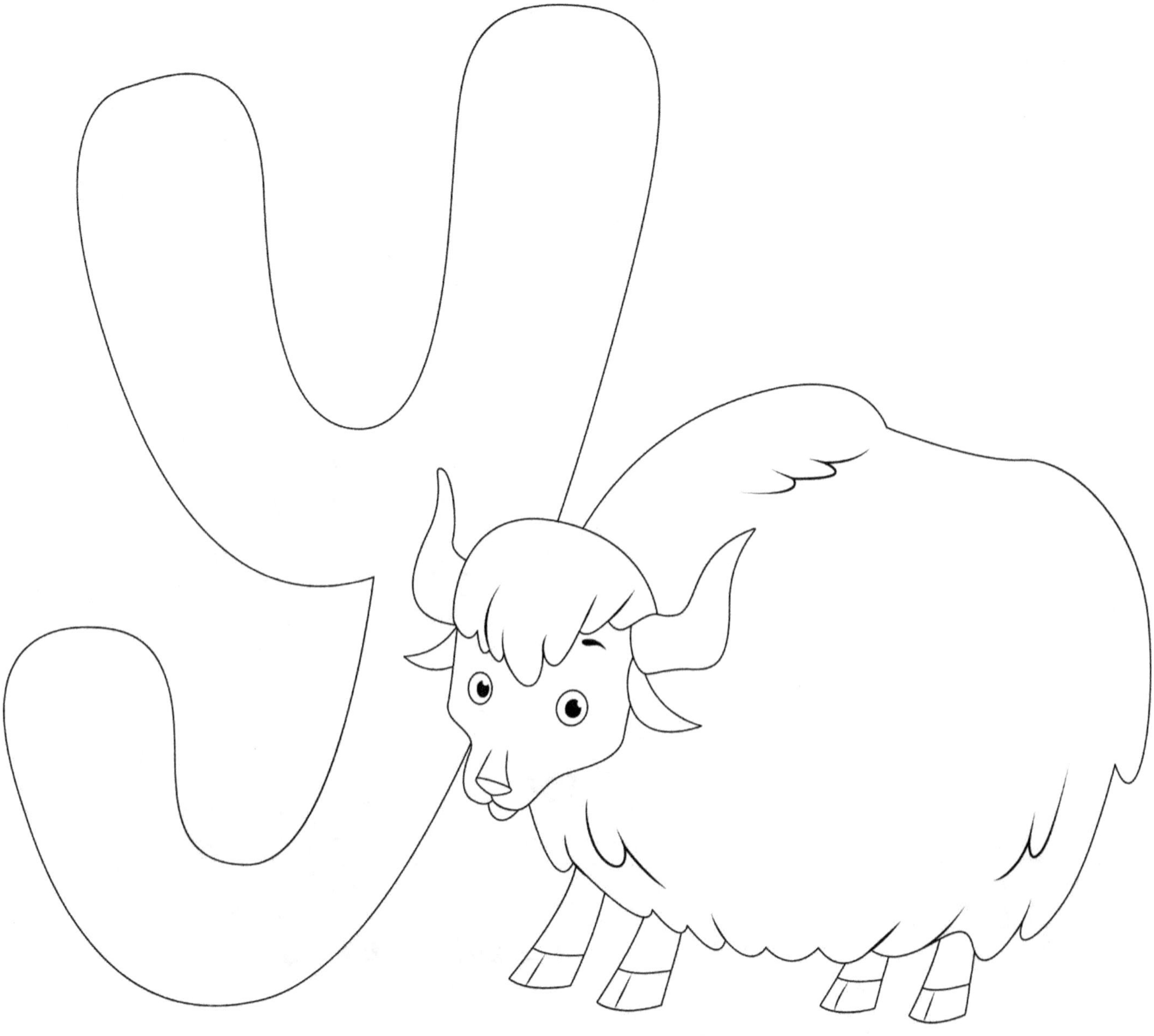

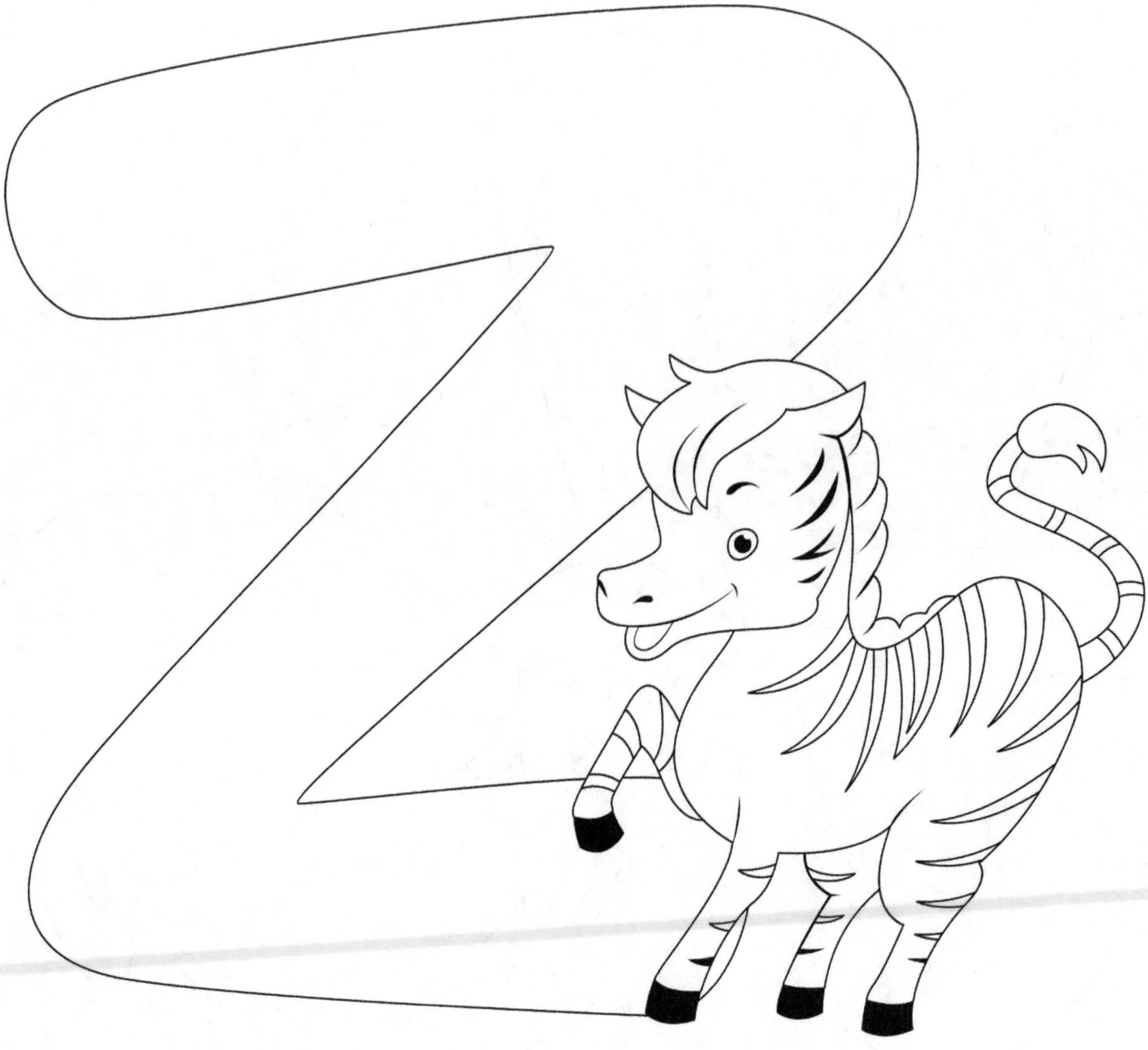

www.ingramcontent.com/pod-product-compliance
Lightning Source LLC
Chambersburg PA
CBHW080322030726
47593CB00009B/2844
9781635893861